AF296209

Noms des images : a, *arc* ou *arabe*; o, *horloge*; u, *urne* ou *huppe*; e, *le jeu*; é, *éléphant*; è, *chèvre*; i, *ibis*; y, *hyène*; b, *barbe* ou *béquille*; p, *pipe* ou *pétrin*; d, *dinde* ou *dé*; t, *tête* ou *télescope*; v, *volcan* ou *vésuve*; g, *St George* ou *serpent géant*; j, *juge* ou *girouette*; z, *onze* ou *zèbre*; s, *suissesse* ou *ânesse*; c, *source* ou *cèdre*; l, *l'aile*; r, *réverbère*; f, *femme qui greffe*; n, *naine*; m, *mât* ou *trirème*; k, *caque*; q, *coq* ou *queue* ou *cuve*; x, *phénix* ou *xé*; h, *hache* ou *houe*; ch, *chameau*; ph, *phoque*. — NB. *Ces noms sont pour la plupart tels que l'articulation de la lettre commence et finit le mot.*

a o c e é é è u n m y v h b d p q l i j t f g r s z x k

A U Y V F E B R C G O O Q L I J D T H M N P S Z X

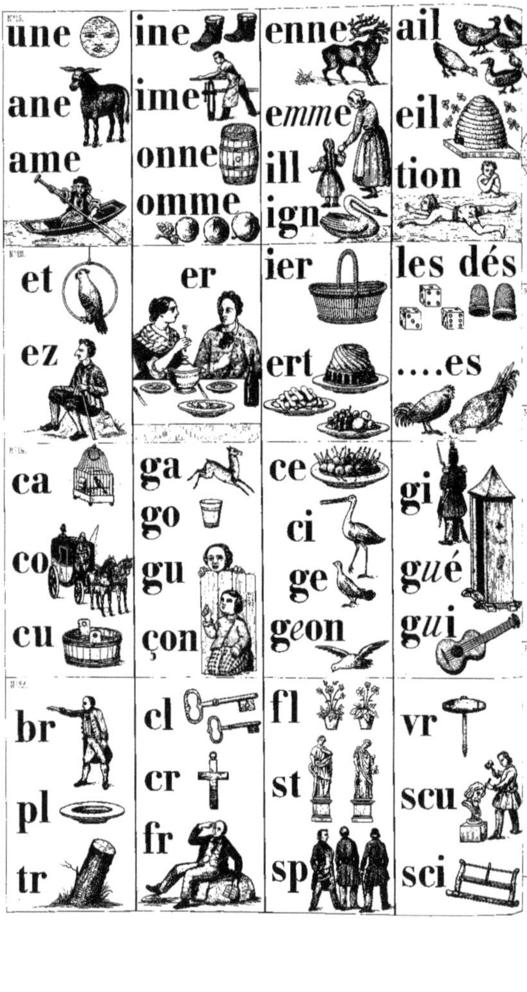
N°15.
une
ane
ame
ine
ime
onne
omme
enne
emme
ill
ign
ail
eil
tion
N°20.
et
ez
er
ier
ert
les dés
....es
N°16.
ca
co
cu
ga
go
gu
çon
ce
ci
ge
geon
gi
gué
gui
N°32.
br
pl
tr
cl
cr
fr
fl
st
sp
vr
scu
sci
1830

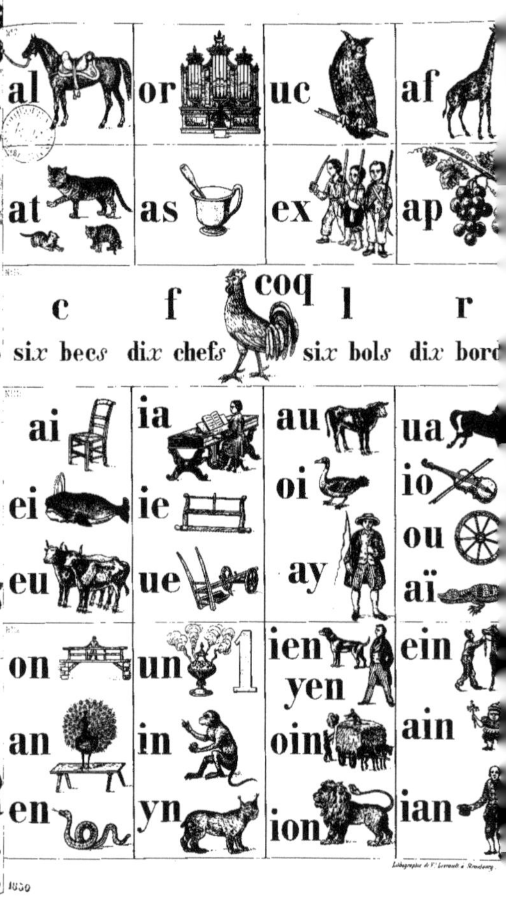
al
or
uc
af
at
as
ex
ap
c
f
coq
l
r
six becs
dix chefs
six bols
dix bord
ai
ei
eu
ia
ie
ue
au
oi
ay
ua
io
ou
aï
on
an
en
un
in
yn
ien
yen
oin
ion
ein
ain
ian
Lithographie de V.e Levrault à Strasbourg

a e i o u

e é è ê y

---

a o u i y e é è ê

â e ô é û è î ê y

---

b d h c e é f l t i j u n

m p q v y o a g s z r k x

P B R K C G E É F D O Q M

N U V Y T Z S A H X I J L

j ch f ph

---

a b c d e é f g h i j k l m n

o p q r s t u v x y z

PROCÉDÉS. Faire nommer les lettres *de suite* et *au hasard* en aidant l'enfant, s'il le faut, par le nom de l'image (*è* c'est *s*la *chèvre*, *l* n'est-ce pas *l'aile*...?).

NOTA. La rédaction de l'*Épellation-lecture* est telle que, *sans plus de peine*, l'enfant apprend *en même temps* la majuscule, ce qui est un grand avantage (voir les numéros suivants). Faut-il dire à la critique que l'*Épellation-lecture* n'exclut nullement, pour qui en veut, l'épellation proprement dite?

STRASBOURG, imprimerie de V.ᵉ BERGER-LEVRAULT.

1830

a e é i y o u

B	b	be	b	bé	b	bi	b	bo	b	bu	b	by
D	d	de	d	dé	d	do	d	di	d	du	d	dy
P	p	pe	p	pé	p	pa	p	pu	p	pi	p	po
T	t	te	t	té	t	to	t	ta	t	tu	t	ti
J	j	je	j	jé	j	ju	j	jo	j	ja	j	jy
G	g	ge	g	gé	g	gi	g	ge	g	gy	g	gé
C	c	ce	c	cé	c	ci	c	ce	c	cy	c	cé
S	s	se	s	sé	s	so	s	su	s	sa	s	si
Z	z	ze	z	zé	z	zu	z	zo	z	zi	z	za
V	v	ve	v	vé	v	vi	v	vu	v	va	v	vo
F	f	fe	f	fé	f	fu	f	fi	f	fo	f	fa
L	l	le	l	lé	l	lo	l	lu	l	li	l	la
M	m	me	m	mé	m	ma	m	mi	m	mu	m	mo
N	n	ne	n	né	n	no	n	nu	n	ni	n	na
R	r	re	r	ré	r	ru	r	ri	r	ra	r	ro
K	k	ke	k	ké	k	ki	k	ko	k	ky	k	ke
Q	q	que	q	qué	q	qui	q	quo	q	qua	q	quy
X	x	xe	x	xé	x	xi	x	xa	x	xo	x	xu
H	h	hé	h	hé	h	ha	h	ho	h	hu	h	hé
J	j	je	ch	che	j	ja	ch	cha	j	jo	ch	cho
F	f	fe	ph	phe	f	fi	ph	phi	f	fo	ph	pho

PROCÉDÉS. 1.° L'enfant nomme la consonne (*bé* ou *be* ou *b'*, n'importe), et l'articulation qu'il émet ainsi lui aura porté sur les lèvres la syllabe qui *suit.* — 2.° Il lira d'abord *horizontalement* (b be b bé b bi...), puis aussi *verticalement* (be de pe te..). — 3.° Il portera au hasard sa baguette tantôt sur telle lettre ou syllabe, tantôt sur telle autre (bo ra ci fu xo...). — NOTA. On fait donner à *ph* le nom *f* et à *ch* le nom *j* rude. La nature de la suite des exercices demande pour *c g* leur articulation douce (*s j*).

Toute collection portera la signature de l'auteur.

STRASBOURG, imprimerie de V.° BERGER-LEVRAULT.

h b d p q c e u n l t i
B R C G E F O Q L I l

B	Be	p	pe	d	do	t	tu	g	ge	j	ju
R	Ra	n	ne	f	fu	v	va	s	si	z	ze
C	Ce	s	sé	z	zu	v	vi	f	fo	ph	phe
G	Gi	j	jo	m	ma	n	nu	l	lo	r	ri
F	Fi	ph	pho	b	bu	d	du	s	su	z	zo
L	Le	t	ta	j	ju	ch	cha	v	vo	f	fe
M	Mi	n	no	l	la	t	to	x	xé	z	zi
N	Né	r	ru	p	pe	q	que	r	ro	n	ni
P	Pa	q	qui	b	ba	p	po	b	bi	d	di
J	Jo	ch	chu	s	so	z	zé	l	ly	x	xé
H	Hé	ch	ché	c	ci	s	sé	z	ze	x	xe
B	Bu	d	du	v	ve	f	fe	ph	phi	s	se
R	Ri	n	né	d	dé	b	be	j	je	ch	cho
C	Ci	v	vo	f	fi	m	mo	l	lé	t	ty
G	Gy	ch	cha	m	mé	p	po	b	bo	z	zu
T	Tu	v	vi	f	fi	c	cy	s	sa	l	lu
J	J'y	ch	che	d	du	b	bu	b	bo	d	do
D	Di	b	bi	f	fu	ph	pho	v	vu	f	fi
Q	Que	s	sy	t	te	k	ki	q	quy	m	me
F	Fe	ph	phu	j	ju	ch	cho	s	su	z	zé
H	Hé	ch	che	n	ne	z	za	s	si	c	ce
R	Ra	q	quo	h	ha	ch	cha	k	ki	q	qua
L	La	v	vi	f	fi	b	bo	d	do	b	bu
G	Ge	j	ju	ch	cho	x	xe	ph	phe	x	xi
C	Ci	s	sy	d	di	b	bi	l	lu	t	tu

PROCÉDÉS 1.ᵉʳ, 2.ᵉ et 3.ᵉ du n.° 2.

STRASBOURG, imprimerie de V.ᵉ BERGER-LEVRAULT.

â î ô û è ê

Be	bo	be	bu	be	bâ	be	bi	be	bé	be	bè
De	du	de	di	de	dô	de	da	de	dé	de	dè
Pe	pa	pe	po	pe	pû	pe	pi	pe	pé	pe	pè
Te	tu	te	ta	te	tî	te	tô	te	té	te	tè
Ge	gy	ge	gé	ge	gî	ge	gé	ge	gê	ge	gè
Je	ju	je	jo	je	j'y	je	jé	je	ja	je	ju
Ce	cé	ce	cè	ce	ci	ce	cè	ce	cé	ce	cy
Se	sa	se	so	se	su	se	sé	se	s'y	se	sè
Ze	zo	ze	za	ze	zu	ze	zé	ze	zè	ze	zi
Ve	vi	ve	vô	ve	vè	ve	vu	ve	vî	ve	va
Fe	fo	fe	fû	fe	fi	fe	fè	fe	fî	fe	fo
Le	lu	le	là	le	lè	le	li	le	lo	le	l'y
Me	mo	me	mû	me	mâ	me	mì	me	mê	me	mè
Ne	ni	ne	nô	ne	nu	ne	n'y	ne	né	ne	nu
Re	ra	re	ri	re	rô	re	ru	re	rê	re	ry
Ke	ki	ke	ko	ke	ky	ke	ké	ke	ki	ke	ko
Que	qui	que	quê	que	qu'y	que	qua	que	quo	que	qu'à
Xe	xé	xe	xè	xe	xi	xe	xa	xe	xo	xe	xy
Hé	ha	hé	hu	hé	ho	hé	hi	hé	ho	hé	ha
Je	cha	ju	cho	jé	che	jo	chu	je	ché	ja	cho
Fe	phi	fu	phe	fi	phé	fè	pho	fi	phu	fe	phè

Bo	pa	mâ	ju	gî	so	ce	zu	vî	pè	xé	fè
Le	mì	nu	rô	ky	que	hé	xe	ha	cha	fû	phe
Du	ta	bu	po	ge	ci	l'y	su	ze	vè	fi	là
Me	né	ke	ru	qui	ci	bè	dè	fo	phi	cé	gê
Dé	je	cy	vu	n'y	fì	lo	mè	jo	cha	fe	pho

d b h q p e c n u t l i
R B G C F E Q O L I l
e é è ê

ba sé	pha se	la me	pé ché	tê te	cé lé
bâ ti	pho que	l'â me	pè che	thè me	cè ne
bé ni	ge lé	le vé	po li	ti ré	ge lé
bê ché	gé ré	lè ve	pu ni	to me	gé mi
bi le	gè re	lé sé	ra ve	tu be	gè ne
bu té	gê né	li me	re vu	va che	che nu
bû che	gî te	ly re	ré gi	ve nu	ché ri
ce ci	ha ché	lo gé	rê vé	vê lé	chê ne
cé dé	hé lé	lu ne	ri re	vi ce	le vé
cè ne	hi é	ma ri	ro be	vo lé	lé sé
ci ré	ho ché	me né	rô ti	vu que	lè ve
da me	hu mé	mè re	ru de	lu xe	me né
dé jà	ja sé	mê me	rhu me	fi xé	mè ne
di re	je té	mi né	sa lé	ta xa	mê me
dì né	jo li	mo de	se mé	zè le	pe lé
do té	ju ré	mû ri	sè ve	zé lé	pé ché
dô me	ju ry	na gé	sé né	zô ne	pè re
du ré	cha que	ni ché	si te	ki lo	pè ché
fà ché	che nu	no té	so lo	quê té	re vu
fè ve	ché ri	nu que	su re	no yé	ré gi
fê te	chê ne	pa vé	ta ché	no ya	rê ve
fi lé	chi che	pâ té	tâ che	bé ni	se mé
fo ré	chô mé	pe lé	te nu	bê che	sé né
fu mé	chu te	pè re	te té	ce ci	sè ve

Bo Ra Ce Gè Fè Hé Ju Ky Là Me Né Pâ Qui
Dé So Tù Vô Xé Zè Gy Cy Ru Bu Fi Cha Phi

PROCÉDÉS. 1.° *Verticalement*; 2.° *horizontalement*; 3.° pris *au hasard*.
NOTA. On pourra d'abord ne faire lire que la 1.ʳᵉ partie du mot (*ba bâ bé bê bi bu...*).

STRASBOURG, imprimerie de V.ᵉ BERGER-LEVRAULT.

h b d p q c e u n l t i
B R C G E F O Q L J I l
e é è ê i y

La fê te du pè re. la tê te de la bê te. la ro be de ma
Mè re. le zè le de l'a mi. le jo li fi chu. ce pâ té ge lé.
Je dî ne à mi di. le rô ti sa lé. l'a mi ché ri. l'é té fi ni.
U ne da me a u ne ly re. le lu xe du ri che. l'a mi zé lé.
Ce rhu me qui me gê ne. le pho que na ge. le thè me fi ni.
Ce ci se ra fi xé. u ne pê che mû re. la lu ne a lui.
L'à ne ru a. qui l'a tu é? qui l'a li é? La fi o le vi de.
Ce pa vé sa li. ce pé ché pu ni. la quê te à la fê te.

Déchiffrement comparé.

U ne fi ne lame. le fi chu lavé. le pè re de ma mère.
Le zé ro posé. le gî te bâti. le fi chu u ni. l'a mi zélé.
U ne pi è ce de ma nièce. une bû che de ce chêne-ci.
L'à ne a ru é. la va che a sué. la tê te de la bê te.
U ne bi è re fière. la lu ne a lu i. ce ci m'a nui.
La pi o che du pè re. la fiole de la mère. le pi a no.
Ce piano se ra poli. ce rhu me qui me gênera.
Qui a vu le joli pâté? qui a quê té à la fête? Cécile.

L'u ni té de la divi nité. j'a do re la divinité u ne.
É mi le te dira une ma xi me utile. ce se ra la vérité.
La su i te de la ma xi me. qui a sui vi la maxime?
L'u ti li té de la solidité. la do ru re de l'é tu i a relui.
I si do re te dira l'ha bi leté du ju ge Philo sophe.
La ra pi di té de la ri vi è re. la chè re té de la dorure.
Le phéno mène de la lu mi è re. la dorure d'une tabatière.
L'a ma bi li té, la géné rosité, la fidélité de l'ami.
L'uti lité de l'ami tié. l'i nu ti li té de l'inimi tié.
La fi o le à l'huile. l'humi dité de ce gîte te nuira.
A dè le acheta une thé iè re. L'huma nité de Théo phile.

STRASBOURG, imprimerie de V.e BERGER-LEVRAULT.

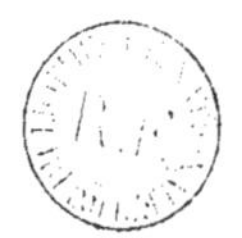

o	or	a	al	a	af	u	uc	a	ar	o	ol	i	if	a	ac
u	ur	i	il	o	of	o	oc	i	ir	u	ul	u	uf	i	ic
e	er	e	el	e	ef	e	ec	e	er	e	el	e	ef	e	ec
o	or	r	ro	i	ir	r	ri	a	ar	r	ra	u	ur	r	ru
r	re	e	er	l	la	a	al	l	li	i	il	l	lo	o	ol
u	ul	l	lu	e	el	l	le	a	af	f	fa	i	if	f	fi
f	fo	o	of	f	fe	e	ef	f	fu	u	uf	c	ci	i	ic
e	ec	c	ce	i	il	l	li	l	le	e	el	l	la	a	al
or	ar	or	ir	or	ur	or	er	al	ol	al	ul	al	il	al	el
af	if	af	uf	af	of	af	ef	uc	ac	uc	oc	uc	ic	uc	ec
A	Al	A	Ar	A	Ac	I	Il	I	If	E	El	E	Er	E	Ef

Lo	lor	va	val	ra	raf	du	duc	po	por	ba	bal	ra	raf
Fo	for	sa	sal	vi	vif	su	suc	to	tor	ma	mal	bi	bif
Du	dur	nu	nul	tu	tuf	sa	sac	su	sur	vi	vil	lo	lof
No	nor	fo	fol	ni	nif	cho	choc	mo	mor	mo	mol	di	dif
Ci	cir	fi	fil	fi	fif	la	lac	ro	ror	lo	lol	li	lif
Ri	rir	li	lil	ri	rif	di	dic	cha	char	vo	vol	ci	cif
Me	mer	be	bel	ne	nef	be	bec	ne	ner	se	sel	che	chef
Ce	cer	ge	gel	che	chef	le	lec	te	ter	te	tel	ne	nef
Fe	fer	le	lel	si	sif	fi	fic	re	rer	que	quel	xi	xif
Ra	rar	lu	lul	zo	zof	vi	vic	ru	rur	qui	qu'il	se	seph
Lu	luc	so	soc	ba	bac	za	zac	do	dog	se	seg	py	pyg

le ci el   le mi el   or né   ro se   il li ra   ar mé   el le   al la

lu ne   ul cè re   ru de   ur ne   fi ni   ju if   fu ir   ri re   le fi el

la vé   al té ré   ro be   or ge   il li ma   du el   le vé   ra ve   ar du

re ni é   er mi te   el le   er re   ir ri té   re li é   er mi ta ge

Noms des images : *Orgue*, chev*al*, d*uc*, gira*fe*.
Procédés. Ceux des n.° 1 et 2. Lecture : 1.° *horizontalement*; 2.° *verticalement*; 3.° *au hasard*.
Nota. Dites : un *e* qui doit sonner avec une lettre qui le *suit*, a généralement le son *è* (*el* = *èl*).

STRASBOURG, imprimerie de V.° Berger-Levrault.

a	as pi ré	a	at ti ré	a	ap pe lé	e	ex pul sé
a	as tu ce	a	at te lé	a	ap pu i	e	ex po sé
a	as per ge	a	at ta ché	a	ap pu yé	e	ex pé dié
e	es pé ré	a	ad mi ré	a	ab so lu	e	ex ta se
e	es ti mé	a	ad ju ré	a	ab ju ré	e	ex pi ré
e	es qui vé	a	ad ju gé	o	ob te nu	e	ex ci té
e	es su yé	a	at ta qué	o	ob vi é	e	ex tir pé
i	is ra ël	a	at ta ché	o	op te ra	e	ex ter ne

Pa	pas to ral	la	l'at ti re	ra	rap so dé	te	t'ex po se
Ju	jus ti ce	la	l'at te la	ru	rup tu re	se	s'ex po se
My	mys tè re	la	l'ad mi re	su	sub ti le	me	m'ex po se
Di	dis pa ru	sa	s'at ti re	re	rep ti le	le	l'ex ci te
Sy	sys tè me	ma	m'ad ju re	lo	l'ob ser va	mi	mix tu re
Me	m'es ti me	je	jet te ra	jo	j'ob ser ve	te	tex tu el
Je	j'es pè re	ne	net to yé	mo	m'ob serve	se	s'ex ci te
Po	pos tu re	ta	t'ad ju ge	ma	m'ap pe la	fi	fi xe ra
Ju	jus ti fié	sa	s'ad ju ge	lo	l'op te ra	le	l'ex tir pa
Le	l'es pè ce	se	s'es qui va	le	l'es su ya	me	m'ex pul sa
Je	j'es su ye	se	s'es su ya	lo	l'hos pi ce	je	j'ex pi re

pa vé	ap te	bo bine	ob tenu	ba sé	ab solu	il	bâ tira
il po sa	il op ta	il es père	il	se ma	so lide	os su	so lo
at ta ché	ap pa ru	op po sé	sa li	as piré	sa lé	as pic
bo bêche	ob vié	se mé	es timé	at ta qué	pa li	ap ti tude
As pic	**Ad miré**	**Is raël**	**Es pace**	**Ap te**	**Ab solu**	**Exer cice**

Noms des images : G*rappe* de raisin, *patte* de la cha*tte, tasse, exercice.* — Rappelez ici la règle du *e* sonnant *è* ou *é*.
PROCÉDÉS. Ceux des n.°ˢ 1 et 2. Lecture : 1.° *verticalement;* 2.° *horizontalement;* 3.° *au hasard.*
NOTA. Les syllabes telles que *es us as is et at op ix les jet...,* ont dû figurer ici comme faisant partie d'un mot;
différemment on fait marcher l'enfant dans un cercle vicieux (*tu es trop sot... et les prix dus à ces élèves...*).

STRASBOURG, imprimerie de V.ᵉ BERGER-LEVRAULT.

ar mé	al lé	ac tuel	af famé	as piré	at tiré	ap paru
or né	al la	ac tif	af filé	as tuce	at telé	ap pelé
ur ne	el le	ac quise	of fice	as pic	ad miré	ab solu
er roné	al lé	oc tave	ef filé	is raël	ad juré	ab juré
ir rité	ol fa	ic tère	ef facé	os su	at taché	op tique
ar du	ul cère	ac tuel	af fiché	is su	ad jugé	ob tenu
or me	el le	oc tave	of fice	es timé	at taqué	op posé
ur ne	al lé	ic tère	ef faré	es péré	ad mise	ob sédé
er mite	ul céré	ac quise	af famé	es pèce	ath lète	ap pui

lar ge	pal me	pac te	raf finé	l'as tuce	l'at tire	rap sodé
por te	vol te	doc te	l'of fice	pos ture	l'ad mire	l'ab solu
pur gé	bul be	duc tile	suf fire	jus tice	lut tera	rup ture
myr te	mil le	dic té	dif féré	dis paru	quit tera	gyp se
per ché	bel le	rec to	j'ef face	l'es pace	jet tera	rep tile
per du	pel le	lec ture	s'ef file	l'hos pice	m'ad jure	m'ob sède
mor du	sol dé	vic time	l'ef face	mys tère	s'ad juge	sub tile
ver ge	fal lu	dog me	suf fira	sys tème	t'ad mire	j'ob sède
l'or ge	vil le	pyg mée	dif féra	t'es time	tet tera	l'op tique

Déchiffrement comparé.

Ex posé	expiré	ex tir pé	expulsé	ex terne	experte	vexé
Ex cédé	excité	ex por té	expédié	ex tase	expiré	exhorté
Mix ture	mixte	l'ex tir pe	t'expose	j'ex pul se		textuel
S'ex pose	m'expulse	m'ex cite	s'excède	j'ex pire		vexera
Par ti	partir	sorti	sortir	verni	vernir	mar di	martyr
Dur ci	durcir	ser vi	servir	dor mi	dormir	mor te	mortel
Har di	hardi	esse	suc cédé	suggéré	dic té	pyg mée	dogme
As pic	aspiré	es péré	estimé	es su yé	essuyé	essuya
Ad miré	admise	at tiré	attelé	ad jugé	adjuré	attaché
Op tique	obsédé	ab diqué	absolu	ob ser vé	obtenu	obvié
Mys tère	système	s'ad juge	j'abdique	j'es père	l'espèce
Rup ture	subterfuge	pos ture	pastoral	dog me	doctoral
L'op tique	j'observe	suc cédé	suggéré	net to yé	jettera
J'ex cep te	reptile	m'ob ser ve	t'obsède	s'es su ye	s'essuya

PROCÉDÉS. Lecture jusqu'au déchiffrement : 1.° *Verticalement;* 2.° *horizontalement;* 3.° *au hasard.*
NOTA. Dites : *Deux lettres* (consonnes) entre deux *voix* (voyelles) se séparent (*res té*). — Rappelez la règle du *e = è* ou *é.*

STRASBOURG, imprimerie de V.° BERGER-LEVRAULT.

L'élève ac tif. Le maré chal a fer ré le che val du géné ral.
Le tu mul te de la mul titude. La jar dinière m'a par lé.
Mi chel a-t-il fini sa lec ture? Il m'ex hor te à par tir.
Elle es péra ob te nir ce joli étui. Une petite or pheline
l'a ob tenu. Elle a or né sa robe. Qui a ef facé ce zéro-ci?
Ce ju if ad mira l'a zur du ci el. Il a es su yé du mal. Il a été
ex tasié. Il as pire à ce pos te. Il ab diqua sa bel le char ge.
L'er mite a ler te. La ter re fer tile. Une es pèce inutile.
Il m'a ex posé à ce mal. A-t-il été ap te à cela? La rivière
a dé bor dé. Une rame de l'es quif. Le dé gel uni ver sel.
Le pé ché mor tel. La bel le ver tu de la chas teté. Le mal
ac tu el. Il op ta le duel. Cet te rup ture te nuira. L'a-t-il
ha sar dé? Il s'ad juge ce qui m'a ap par tenu. Il rej et te
ce mo tif. A-t-il res pec té sa mère? Ces sera-t-il de te
déso béir? Il ver sa de l'huile sur sa bel le ves te. Il
dé ses père de ré us sir. A-t-elle ôté la ser vi et te avec
l'as si et te? Qui lui a sug géré cela? L'hu midité de
l'at mos phère. A-t-il ac céléré sa mar che? A-t-il été
vac ciné. La ri ches se de la sa ges se. Le mo nar que ab solu.
Le rep tile tué. Qui a fer mé la por te? Le juste n'as pire
qu'à la ver tu. Il sup por te l'ad ver sité. J'ad mire sa
fer meté. J'es time sa ver tu. Il cher che à fu ir le mal.
J'ob ser ve, dit-il, ce que l'É ter nel m'a dic té. Je t'ad jure
de fu ir le péché. Il t'ex pose à ta per te é ter nel le.

Déchiffrement comparé.

Par tir   servir   dur cir   vernir   doc to ral   dogmatique
Mor tel le   éternelle   dé ter ré   parterre   res pec té   j'humecte
L'hô tel   dégel   l'hor loge   l'horthodoxe   por ti ère   jardinière
Mul ti tude   tumulte   lec ture   l'hectare   zé phyr   martyr
Sub ter fuge   subvertir   subversif   l'ad ver sité   l'atmosphère
Servi ette   l'assiette   ex cep té   m'excepta   rhu ma tis me
L'absolutisme   phos phore   postérité   sys tème   mystère
Ri ches se   sagesse   l'es su ya   j'essu ye   mix ture   textuel
Sic cité   succédé   j'ac cep te   suggéré   ex ces sif   successif

LE SYLLABAIRE DE LA MÈRE ou L'ÉPELLATION–LECTURE, PAR GAPP-VINNING. **N.° 11.**

Bu	beu	ru	rou	lo	loi	le	lei	ja	jai	va	vau	pa	pay
Du	deu	lu	lou	bo	boi	se	sei	la	lai	ba	bau	ra	ray
Fu	feu	ju	jou	po	poi	ve	vei	pa	pai	cha	chau	ta	tay
Ju	jeu	bu	bou	fo	foi	pe	pei	ra	rai	pa	pau	la	lay
Vu	veu	pu	pou	vo	voi	ge	gei	sa	sai	sa	sau	sa	say
Mu	meu	nu	nou	do	doi	ce	cei	ma	mai	ta	tau	na	nay
Nu	neu	mu	mou	to	toi	me	mei	ba	bai	la	lau	ra	ray
Pu	peu	vu	vou	quo	quoi	be	bei	da	dai	fa	fau	pa	pay

Veu	vue	lei	lie	sai	sia	mai	maï	voi	vio	rau	rua
Nue	neu	pie	pei	lia	lai	paï	pai	pio	poi	sua	sau
Deu	due	vei	vie	fai	fia	lai	laï	foi	fio	tau	tua
Sue	sué	mie	mei	pia	pai	hai	haï	moi	moï	sau	saü
Peu	pue	pei	pié	nai	nia	nou	noü	roi	roï	rau	raü
Reu	réu	cei	ciè	sai	saï	pai	pay	loï	loi	dou	duo

Feu	v*o*eu	deu	bœu	geu	sœu	fau	v*e*au	mau	seau	l'eau
Ceu	mœu	tau	beau	lai	g*e*ai	chau	peau	qu	q*u*eu	nœu
Doi	g*e*oi	fai	geai	dau	seau	toi	seoi	fau	ceau	veau

Peu	peur	tou	tour	poi	poil	seu	seul	lai	l'air
Soi	soif	neu	neuf	voi	voir	sœu	sœur	soi	seoir
Pau	paul	beu	bœuf	ceu	ceur	jou	jour	veu	veuf
Ceu	ceul	fou	four	j'ai	chair	leu	leur	bou	bouc
Pai	pair	lœu	l'œuf	pou	pour	noi	noir	seu	seur

Noms des images : Ch*ai*se, p*i*ano, bal*ei*ne, sc*ie*, bo*eu*fs, char*rue*, v*eau*, r*ua*de, l'*oi*e, v*i*olon, ro*ue*, pa*y*san, ca*ï*man.
Procédés. Ceux des n.os 1 et 2. Lecture : 1.° *horizontalement;* 2.° *verticalement;* 3.° *au hasard.*
Nota. Dites : Un *e* devant une autre *voix* est muet (veau=vau). Dites Les *deux points* sont là pour avertir qu'il ya *deux sons* à rendre (*caï=ca. i*). Dites : *eu=e, ei ai=è, au=o, ay=éi, ou=u* prononcé du fond du gosier, *oi=oua* (voeu=veu).

STRASBOURG, imprimerie de V.e Berger-Levrault.

Po	pon	ba	ban	pe	pen	lu	lun	si	sin	chi	chien
Bo	bon	pa	pan	ve	ven	du	dun	pi	pin	mi	mien
Do	don	la	lan	se	sen	fu	fun	fi	fin	ci	cien
To	ton	cha	chan	de	den	tu	tun	vi	vin	ti	tien
Mo	mon	ra	ran	ce	cen	lu	lun	li	lin	li	lien
No	non	ta	tan	ge	gen	qu	qu'un	ri	rin	ri	rien
Ro	ron	sa	san	cy	cyn	ri	rhin	ly	lyn	mo	yen

Pon	lom	ban	pam	den	tem	lun	fum	bin	dim	lim
Bon	nom	van	tam	cyn	nym	gen	sem	fin	sim	tim
Vin	sim	fen	rem	son	tom	din	nim	pan	ram	cham
Lan	jam	lin	cim	pin	dim	pen	lem	sin	pim	nym
Mon	som	cen	mem	dun	fum	syn	nym	ryn	cym	thym

Lin	sein	vin	pain	pon	geon	tan	gean	fin	bain
Tin	cein	pin	vain	fin	nain	cin	tein	tim	daim
Mon	geon	tin	cein	bin	faim	van	gean	sin	bain
Mai	main	rei	rein	foi	foin	fai	faim	sei	sein
Loi	loin	pai	pain	joi	join	tei	tein	dai	daim
Tai	tain	poi	poin	cei	cein	soi	soin	sai	sain

Rien	rein	pein	tien	lian	main	ten	tien	lion	loin
Sein	vien	bien	cein	nain	fian	sen	sein	foin	pion
Tien	vein	tein	lien	sian	sain	ren	rien	rion	soin
Pein	bien	cien	sein	bain	vian	men	mein	poin	cion

Noms des images : Pont, banc et paon, serpent, un parfum, singe, lynx, chien du citoyen, foin, lion, frein, nain, mendiant.
Procédés. Ceux des n.°* 1 et 2. Lecture : 1.° *horizontalement;* 2.° *verticalement;* 3.° *au hasard.* — Nota. Dites : Le son est *nasal*, si la *voix* est suivie de *n* ou de *m*. — Dites : On a déjà vu que le *e* est muet devant *toute voix;* devant un *son nasal* le *a* l'est également (seau sein sain). — NB. *Un* est nasal-guttural.

STRASBOURG, imprimerie de V.° Berger-Levrault.

Aperçu général des sons.

Beu	bue	lei	lie	j'ai	pia	loi	lio	vau	rua	rou
Deu	due	pei	pie	lai	lia	poi	pio	bau	sua	lou
Feu	sue	vei	vie	pai	nia	boi	fio	fau	tua	jou
Jeu	tue	mei	mie	bai	sia	foi	vio	pau	mua	pou
Veu	vue	cei	cie	dai	dia	voi	rio	tau	pua	fou
Meu	mue	gei	gie	rai	mia	roi	sio	lau	hua	mou
Neu	nue	bei	fie	sai	cia	doi	moï	sau	saü	tou
Peu	pue	rei	rie	mai	paï	toi	roï	mau	raü	bou
Geu	lue	zei	cié	vai	pay	soi	loï	dau	maü	dou
Ceu	hué	sei	biè	fai	haï	moi	noï	rau	saü	duo
Queu	rué	xei	fié	zai	ray	noi	zoï	nau	maü	nou
Reu	réu	pei	péi	xai	saï	quoi	mio	chau	raü	noü

Pon	ban	pen	l'un	sin	nain	rein	lion	veau
Bom	pam	sem	d'un	lim	pain	sein	loin	l'eau
Ton	l'an	den	fum	din	vain	tein	foin	geai
Nom	cham	tem	tun	nim	daim	cein	fion	geoi
Don	san	fen	hum	fin	sain	fein	sion	boeu
Som	ram	rem	fun	cim	faim	pein	soin	seoi
Lon	tan	cen	qu'un	syn	bain	lien	poin	peau
Rom	jam	mem	l'un	tym	lian	bien	pion	ceau
Zon	van	gen	fum	lyn	rian	cien	moin	vœu
Xom	tam	cem	qu'un	nym	nian	tien	gion	geon
Qu'on	quan	quen	hum	cym	cian	rien	join	gean

Bau	ban	deu	den	pou	pon	ceu	cen	geu	gen	gean
Pau	pan	jou	jon	chau	chan	veu	ven	jeu	jen	jean
Fou	fon	sau	san	sou	son	lau	lan	jou	jon	geon
Tou	ton	fin	nyn	sein	sien	tau	tua	fou	foui	joui

Meu	mieu	loi	loin	veu	vieu	sen	sien	mai	main
Lia	liai	vei	vèin	foi	foin	lei	lein	peu	pieu
Sua	suai	fai	faim	lui	juin	nia	nian	cito	yen
Hai	haïr	moi	moin	bai	bain	sen	sein	mo	yen

Dieu a fait de rien tout ce qui existe. Il a fait le ciel. Il a fait le feu. Il a fait la terre. Il a fait le beau soleil. Il a fait l'eau. Il a fait en fin tout ce que tu vois, même ce qu'on ne voit pas. Dieu sait tout. Il voit dans tout lieu. Dieu peut tout ce qu'il veut, mais il ne veut point le mal. Il n'y a qu'un seul Dieu. Tout le bien nous vient de lui. Le mal ne vient que de nous. Dieu veut que l'on soit bon. Il sait mieux que nous ce qu'il nous faut. Ne fais point le mal, mais fais le bien. Si tu fais ce que tu peux, tu fais ce que tu dois. Qui ne fait pas quand il peut, ne fait point quand il veut. Ne mens point, si tu veux qu'on se fie à ce que tu dis. Que le jour soit moins pur que le fond de ton âme. Point de paix sur la terre sans la paix de l'âme. Ne fais, ne dis que ce que tu sais bien. Si tu me dis qui tu vois, je sau rai ce que tu fais. Nous ne nous fions pas à ce que tu dis; on veut voir ce que tu fais. Sur la terre, aux cieux, tout se dé voile aux yeux de Dieu. Fais tout ce qu'il faut, voi là le seul mo yen pour que tu sois tou jours heu reux. Si tu fais du mal ou de la pei ne à quel qu'un, tu au ras du mal ou de la pei ne à ton tour. Dieu veut qu'on l'in voque au moins deux fois par jour. In voque-le donc au moins le ma tin quand tu sors du lit, ain si que le soir quand tu vas au lit. Qui ne sait pas ce que vaut le temps, sait bien peu. Ne dis de ceux qui sont loin de toi, que ce que tu en dis, quand ils sont avec toi. Qui pen se qu'il sait tout, ne sait rien. On se tient dans le pays où l'on se voit bien. Quand on voit le puits à sec, on sent ce que vaut l'eau. Bats le fer quand tu le vois chaud. Fais voir en tout que tu n'as point peur. On rit de ceux qui ont peur. Tu ne me dis rien de neuf! Je n'ai peur de rien. Je ne veux pas qu'on rie de moi. Au moins du pain pour ceux qui ont faim! Ils en ont bien besoin.

Nom de l'image : Le bec, le chef, le col et le corps du Coq.
NOTA. Dites : En fin de mot on n'articule d'autre consonne que les *quatre lettres* du coq (c f l r).

STRASBOURG, imprimerie de V.ᵉ BERGER-LEVRAULT.

ane	Lan	lane	tan	tanne	pan	panne	van	vanne	
	Lan ce	lani ce	vanté	vani té	bandé	banni	l'âne		
ame	Ram	rame	lam	lame	dam	dame	tam	tamme	
	Lampe	l'ami	rampé	ramé	jambe	l'âme	mammi	fère	
ine	Tin	tine	fin	fine	min	mine	cin	cine	lin	linne
	Di vin	di vine	tinté	fini	infor mé	ini	mitié	inno	vé
ime	Lim	lime	cim	cime	rim	rime	dim	dîme	limme
	L'impie	l'ima ge	impo li	dimi nué	l'immo	ralité		
une	L'un	l'une	d'un	d'une	qu'un	qu'une	fum	fume
	Lundi	l'uni té	impor tun	impor tuné	par fum	fumé		
onne	Ton	tonne	son	sonne	don	donne	bon	bonne	zône
	Tondu	tonné	sondé	sonné	monté	moni teur	rhône	
omme	Pom	pomme	dom	dôme	tom	tome	som	somme
	Tombé	sommé	pompé	nomma	rompu	l'homme		
enne	Ren	renne	pen	penne	mien	mi enne	si enne	
	Tendu	tenu	vendu	venu	lente	l'enne mi	tienne	
emme	Femme	demme	cem	cemme	rem	remme	nem	nemme
	ar demment	dé	cemment	diffé	remment	émi	nemment	
ign	Ci gne	li gne	vi gne	si gné	si gna	ro gné	ro gna	
ill	Fille	bille	pillé	pilla	mou illa	bou illi	sou illé	
ail	L'ail	tail	bail	rail	mail	vola ille	ba taille	vaille
eil	Beil	veil	mèil	reil	teil	l'a beil le	l'o reille	veille
	Rai	rail	vei	veil	lai	lail	lei	leil	vai	vaillant
tion	Nata *tion*	muta *tion*	perdi tion	por tion	natio nal		

Noms des images : L'âne, rame, bottine, lime, lune, la tonne, pomme, renne, femme, fille, cigne, volaille, abeille, natation.
Procédés. Ceux du n.° 1. Lecture : 1.° *horizontalement*, 2.° *au hasard.* — Nota. Dites : S'il n'y a que des *n* ou des *m* entre *deux voix* le son n'est plus *nasal* (enne = ène, emme = ame). — Dites : On lit *ill* et *gn*, comme s'il y avait un *i* à leur suite (illa = ilya, igna = inya). — Dans *tion* la partie *ti* sonne *ci* (national = nacio nal).

STRASBOURG, imprimerie de V.° Berger-Levrault.

Comparaison des n.°ˢ 11, 12, 13 et 15.

an An en En in In un Un ai Ai ay Ay eu Eu au Au
An En In Un Ai Ay Eu OEu Au Am Im Em Ai Eu Ou Oi

On de no te on ze no ce en té ne veu ma tin am puta tion
Un nu in du ni ché im pur mi di na ge an ge in fi ni
Om belle mo dèle me né em piré san té sua ve son sou
Bor nai re nia par lai re lia pia no pai re no ya ray on
Essu ya pay san san té per sua dé voi lé vio lé pio ché
Moï se poi re pa roi l'hé roï ne im pie pei né l'ail l'aile
É saü sau te lien lieu pieu bien mo yen mo yeu do yen
Saül Saule re nie nei ge dé vie vei ne seu le sen ti réu ssi
Si naï di nai ba lei ne re lie ra dé nué sa lue neu ve
Le vain vian de dé via vai ne rua de rau que seul duel
Dieu tien tein te miel ver meil bé tail bes tial bail
Ciel so leil foi re fio le poi sson poin te pilé pillé bille
Mai son main tien pei gné pein te l'en vie vei ne sei ze
Faim j'aime fiel pa reil sou bail la bial lai de l'aï eul
Fian cé sain te pay sage vo ya ge van té vani té tanné
Par fum par fumé se rein se reine poin tu l'a voine moine
Len tille l'enne mi par rain mar raine ma ria ge vain
Lion lionne bon té bonne boni fié tempé ré semé tempe demi
Impié té limé l'immen sité am puté ami tié mé chamment
Ba lai laï que re lia naï ve de main se maine file fille
Tam bour nui tamment ramé ram pé tem péré vio lemment
Par fum rhume en rhumé sien si enne tienne mienne
In fini inno cen ce femme dili gemment ar demment
Pay san pay sanne tom be l'homme lion loin soin pion
Mo yen mo y enne cito yenne syn dic cyni que rien rein
Sympho nie syno nyme man geai man geaille jaillir

Déchiffrement comparé.

Em pire enfance im piété infusion au baine aileron
Eu rope ourson an tiquité amputation œuf ayons
Por tail bataille l'or teil bouteille sommeillé vi eil vieille
Dé fun te importune tail leur railleur meilleur sillon
Igno ramment impertinemment mi gnon champignon
Inno cen ce immolation un pari sien une parisienne

STRASBOURG, imprimerie de V.ᵉ BERGER-LEVRAULT.

Dieu! quel temps! on n'y tient pas. On meurt de chaleur. Lundi il a fait bien moins chaud qu'il fait aujour d'hui. Jean, ne sois pas si ennemi du temps chaud; ne veu ille pas vouloir faire la loi à Dieu. L'homme ne peut pas faire le temps. Nous l'avons tel que Dieu nous le donne. Il faut que la chaleur vienne une fois dans l'anné*e*; diffé remment nous n'au rions ni moisson ni ven dange. Tu ne me dis rien de neuf. Je sais qu'il fait bien chaud chaque anné*e*; mais cela ne m'em pêche pas de vouloir le temps moins chaud. As-tu donc moins chaud quand tu as mur muré? Eh! mon Dieu! non. Mais toi, Edmond, que dis-tu de ce temps? Je n'en dis rien. S'il ne fait pas chaud, je me tiens non loin du feu; s'il fait chaud, j'ai soin de me tenir, quand je le puis, dans un lieu où le soleil ne m'atteint pas. Par ce moyen le temps ne m'impor tune jamais. Je serais bien peiné de voir une infinité de gens n'avoir ni pain ni farine. Y en a-t-il donc qui n'en ont pas? Oh! oui, il y en aurait bien, si le soleil ne faisait pas mûrir la moisson dans nos champs; aussi n'y aurait-il point d'avoine pour nos chevaux. Quand la moisson ne réussit pas, le pain se vend fort cher; alors la famine règne dans le pays. Une infinité de gens n'ont pas de pain dans une anné*e* de disette, ou n'en ont que fort peu. Oh! tant pis! Dieu! que j'en ai pitié! Rien de mieux que le pain. Il en faut. Au moins du pain pour ceux qui ont faim! J'aime tant le pain! Aujour d'hui je vois le ciel bien serein. Je n'en suis pas peiné, moi. Le temps sera bien beau. Nous avons le temps du mois de juin. Le mois de mai me paraît un bien beau mois dans l'anné*e*. Que dis-tu du mois de juin? Le mois de juin me paraît moins beau. Le soleil fait bien chaud au mois de juin. Au mois de mai on peut sortir à tout moment. Au mois de juin on n'aime à sortir que le matin. Au mois de mai nos jours sont moins longs qu'au mois de juin. Aussi fait-il moins chaud au mois de mai. Vive le mois de mai! Il nous ramène l'été. Vive le mois de juin! Il nous donne du pain. Voilà un beau médaillon! Il appar tient à ma sœur Ade laïde. La mar raine d'Aloïse le lui a donné pour sa dévotion.

STRASBOURG, imprimerie de V.° Berger-Levrault.

a o u -- e é è ê ..... i y --

ca	car	cu	cur	co	cor	ço	çor	ce	cer	ci	cir	ci	cim
ca	cal	cu	cul	co	col	çu	çur	ce	cel	ci	cil	cy	cym
ca	cai	cu	cun	co	coc	ça	çai	ce	cei	ci	cin	ce	cein
ca	caïn	ca	caïn	co	coi	ço	çoi	ce	cein	ci	cien	ce	ceau
ca	can	ca	cau	co	con	ça	çan	ce	ceau	ce	cen	ce	cein
ca	cac	ca	cam	co	com	ça	çai	ce	cei	ce	cein	ce	cen
co	cœu	co	cou	co	coin	ço	çon	ce	ceu	ci	cion	cy	cyn

---

ga	gar	go	gor	gu	gur	gu	gui	gu	gué	gi	gil	ge	gel
ga	gal	go	gol	gu	gul	gu	gue	gu	gui	ge	geo	ge	geon
ga	gan	ge	gean	gu	gun	gu	gué	gu	güé	ge	gea	ge	gean
ga	gai	ge	geai	go	gon	ge	geon	gu	guè	ge	gen	ge	geu
ga	gain	ge	gein	go	goi	ge	geoi	gu	guen	ge	gen	gi	gin
ga	gail	ge	geail	go	goin	gi	gion	gu	gueu	ge	geu	ge	gen
ga	gau	ge	geau	go	gou	go	goi	go	goï	gu	gua	gu	güa
go	gon	ge	geon	gu	guon	gu	güon	gu	guim	gi	gim	gu	guin
gu	guai	ge	geai	ge	gean	gu	guan	gu	güan	ge	gean	gé	géan

Noms des images : *Cage, cocher, cuve, gazelle, gobelet, figure, cerise, cigogne, gelinotte, giberne, garçon, pigeon, guérite, guitare.*

PROCÉDÉS. Ceux des n.ᵒˢ 1 et 2. Lecture : 1.° *horizontalement,* 2.° *verticalement,* 3.° *au hasard.* — NOTA. Dites *c* et *g* n'ont leur articulation *douce* (*s j*) que devant les *quatre sœurs* (e é è ê) ou les *deux frères* (*i y*), et avec le *c* portant une *marque* (*ç*). Dites : *u* et *e* ne sonnent point devant un autre son : ce ne sont que les signes de l'articulation *rude* ou *douce*. Pour *uë iïé..* rappelez à l'enfant les *deux points* qui demandent *deux sons*. Quand l'enfant lit mal, on lui nomme l'image. Si, par exemple, pour *lan gui* il lit *lan gi*, on lui dit : Mais c'est la *guitare.*

STRASBOURG, imprimerie de V.ᵉ BERGER-LEVRAULT.

Ca co cu. Ga go gu.

Ca ché gâ té car te gar de can ton gan té cô té go bé go go
Cor de gor ge cou lé gou lu coû té goû té comme gomme
Cau se gau che cour be gour de cai sson gai té fau con
Four gon cu ré fi gu ré l'é cu me lé gu me cu ve fi gu re
Lu cain re gain cam pagne gam bade caillou gaillard

Qui gui que gue qué gué quê guê qua gua quai guai
Qui gui quin guin quon guon quen guen queu gueu
Quan guan queu gueu queur gueur que gue quen guen

Qui tté gui dé qué rir gué rir pi que fi gue quê te guê pe
Man que lan gue pi qué li gué par qua vo gua qui tte gui de
Sa qui lan gui quin ze guin de belli queux archi gueux
Ta quin san guin man qua navi gua mar qué lé gué
L'é querre la guerre atta quai allé guai pho que do gue
Mar quant navi guant man quons fati guons élo quent
On guent li queur vi gueur vain queur lan gueur

Cen can cin cain ceu cœu çan can çon con çoi coi coin
Ceau cau çai cai cein cain ceur cœur cion coin cien cein
Ge gue gi gui geo go geon gon gea ga gean gan géan
Gé gué gê guê gen guen geon guon gean guan geu gueu
Geai gai gein gain geoi goi gin guin gien gion goin
Geau gau gea gua gué güé gue guë gua güa guon güon

Re çu cu ré su ço té cô té pi geon four gon fa çon fau con
Gi te gui de man gea ga gé su ça ca fé for çai cai sson
Pa ge ba gue ré gi lan gui ran geai fati guai gi ron
Gui don mor ceau cau tion noir ceur par cœur con cu
Cu ve en gin san guin re gain cein turon améri cain
Ti ge fi gue ci guë gé mi gué ri lin ceul cal cul Geor ge
Gor ge for gea vo gua ar güa re gim be guim pe ar gent
On guent bour geons gond fati guons ar güons géant
Pur geant fati gant vo guant lar geur lon gueur méde cin
Mexi cain gen tille gan té ron geur vi gueur.

STRASBOURG, imprimerie de V.ᵉ BERGER-LEVRAULT.

des dés ...... les poules.

De des le les ce ces te tes me mes se ses le les de des
Le les de des se ses me mes te tes ce ces tu es il est
Te t'es ne n'es le l'est ce c'est me m'es ne n'est se s'est

Des Les Ces Tes Ses Mes Es-tu Est-il

La poule   les poule**s**   les merles   les voiles   les perles
De garde   des garde**s**   des guides   des cordes   des bandes
Ce pouce   ces pouce**s**   ces forces   ces lances   ces pièces
Ta perte   tes perte**s**   tes portes   tes vestes   tes gestes
Sa bourse   ses bourse**s**   ses courses   ses mises   ses causes
Ma dame   mes dame**s**   mes fermes   mes larmes   mes thèmes

Nez   dîner   Panier   Perroquet   Dessert

por tez   souper   sou lier   por tiez   par quet   con cert
cou rez   goûter   cor dier   cou riez   bar bet   rou vert
sui vez   bergers   bar biers   sui viez   cor nets   cou verts

Ne nez dîne dîner force forcez file filet piler pilier eh!
Je jet lie liez nie nier se sert ve verts bonne bonnet
Comme commets bille billet pie pied me mets pie pieds
Eh! reste restez perce percez cherche chercher sue suez
Se sert pe perd le les ce c'est ne n'es le legs ce cep te t'est
Joue jouez loue louer roue rouet veille veiller je jets
Bouche bouchers lancer lanciers couver couvert perds
Ligue liguer arguë argüez perdez perdiez suez suiez

Noms des images : Les *dés*, poule*s*, *nez*, dî*ner*, pan*ier*, perroqu*et*, dess*ert*. — NOTA. On pourra généraliser en disant : Tout *e* final qui *n'est pas seul* sonne *é* ou *è*, mais la partie *es* sonne *e* si le mot a plus d'*une* coupe. — NB. ...*er*...*ez* = é, *ert* = ère, ... *et* = é ou è, ...*es* monosyll. = é ou è, ...*es* polysyll. = e. Le nom de l'image donnera d'ailleurs au maître un son tel ou tel (*e, é* ou *è*), lorsqu'il dira : C'est un *petit mot* (é ou è *les*); ce n'est pas un petit mot (poule*s*); c'est le perroqu*et* (é ou è); c'est le dî*ner*, le gros *nez* (é); le dess*ert* (ère); cet *e* n'est pas seul (é ou è *eh! cep*).

STRASBOURG, imprimerie de V.ᵉ BERGER-LEVRAULT.

D'où viens-tu, Xavier? Ma mère, je viens du jardin. Je m'y suis amusé à jouer pendant deux heures avec les jeunes garçons du jardinier. Et tu es bien fatigué, n'est-ce pas? C'est que j'ai bien faim. Quelle heure est-il? Il est neuf heures (v). Ah! voilà Babet qui a ouvert la porte. Vient-elle nous servir le déjeuner? Hé! Babet, mettez cinq couverts. Venez, mes enfants. Mais non! je ne vous permets pas de manger avec des mains sales. Allez d'abord laver vos mains et peigner vos cheveux. Ayez soin de vous laver les mains toutes les fois qu'elles sont sales, et mettez vos gants toutes les fois que vous avez besoin de toucher à ce qui les salit. Voilà du lait et des pains mollets. Que chacun veuille se contenter de sa portion! Quelqu'un vient chez nous. C'est le vieux fermier Berger. Il faut, mes enfants, le saluer révéremment. Les jeunes gens sont tenus à respecter les vieilles gens. C'est Dieu qui le veut. Si vous manquiez à ce devoir si important, et si vous vous permettiez de les railler, Dieu vous punirait. Bonjour, Monsieur Berger! Bonjour, mes bons enfants! Vous êtes toujours bien polis. On aime les jeunes gens respectueux. Voilà quelques cornets. Il y a des bonbons. Maman, est-ce que vous nous permettez de les manger? Je vous permets d'en manger quelques-uns. N'en mangez que peu. Gardez-en pour demain. Vous pourriez tomber malades, si vous en mangiez beaucoup. En voilà un qui est tombé à mes pieds!

Déchiffrement comparé.

Ces gi lets ces gui chets vous joi gnez vous peignez vous soi gnez vous saignez le bud get le muguet le géant changeant fatigant germain guerrier l'argent l'onguent man gez fati guez argüez menuet gan tier genti*l* pur geons navi guons subjuguer Je ran geai je rengainai lar geur longueur voyageur il chan gea gagna fatigua coi ffeur conçois cau seurs cerceaux cein turon ancien amé ricain poin çon conseil châ tai gnier menuisier cimenter cui sinier can tonniers commençant vous censurez reli gion pingoin fian çailles cailloux ga zouiller.

<hr>

Nota. On peut dès à présent faire faire certaines liaisons. La liaison est de rigueur pour tous les déterminatifs (*les... mon cet... un deux... nos vos... bien très... nous vous ils on en...*), ainsi que pour *d t* suivis d'un trait d'union (per*d*-il di*t*-il veulen*t*-ils). Dans ces liaisons *s* et *x* reçoivent l'articulation *z*, *g* ou *c = k*, *f* du nombre 9 = v, *er* verbe = *ère* (aimèr à lire). — NB. La liaison se fait avec *est*, mais jamais avec *et* (es*t*-il, et il). La liaison est aussi d'usage pour la *qualité* précédant le *nom* (peti*t* enfant, petit*s* enfants), et à peu près pour tout verbe (je suis arrivé, vous avez été..).

STRASBOURG, imprimerie de Ve Berger-Levrault.

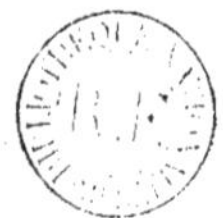

br a	br i	pr i	*br* a	br oi	pr oi	*br* a	br ou	pr ou	pr en
pl a	pl an	bl an	*pl* a	pl eu	bl eu	*pl* a	pl om	bl on	pl ein
tr on	tr ou	dr u	*tr* on	tr oi	dr oi	*tr* on	tr in	dr in	tr ain
cl é	cl ou	gl ou	*cl* é	cl air	gl air	*cl* é	cl in	gl an	gl oir
cr oi	cr eu	gr u	*cr* oi	cr i	gr i	*cr* oi	cr ai	cr in	gr in
fl eur	fl or	fl eur	fl an	fl eur	fl ai	fl eur	fl air	fl eur	fl am
fr on	fr oi	*fr* on	fr ai	*fr* on	fr an	*fr* on	fr in	fr ein	fr ir
vr il	vr ai	vr il	vr on	vr il	vr an	vr il	vr ai	vr il	vr ir
st a	st è	*st* a	st or	*st* a	st an	*st* a	st on	*st* a	st au
sp ec	sp ic	*sp* ec	sp ol	*sp* ec	sp ir	*sp* ec	sp ar	*sp* ec	sp on
sc ul	sc ur	*sc* ul	sc al	*sc* ul	sc ar	*sc* ul	sc or	*sc* ul	sc ol
sc i	sc ir	*sc* i	sc è	*sc* i	sc el	*sc* i	sc in	*sc* i	sc eau

Bra	broi	proi	*bra*	brou	prou	*bra*	brun	prom	pren
Pla	pleu	bleu	*pla*	plan	blan	*pla*	plom	blon	plein
Trou	troi	droi	*tron*	trin	train	*tron*	trou	dru	dra
Clé	clair	glair	*clé*	clou	glou	*clé*	clin	glan	gloir
Croi	cri	gri	*croi*	crin	grain	*croi*	crai	creu	gru
Fleur	flair	fleur	flor	fleur	flan	fleur	flair	fleur	flam
Fron	fran	*fron*	frein	*fron*	frai	*fron*	frui	*fron*	froi
Vril	vrai	vril	vrir	vril	vran	vril	vron	vril	vrez
Sta	stor	*sta*	ston	*sta*	stan	*spec*	spon	*spec*	spol
Scul	scor	scul	scar	scul	scan	sci	scin	sci	sceau

Noms des images : *bras, plat, tronc, clés, croix, front, fleurs, vrille, statue, spectateurs, sculpteur, scie.*
PROCÉDÉS. Ceux des n.°ˢ 1 et 2. Lecture : 1.° *horizontalement,* 2.° *verticalement,* 3.° *au hasard.* — NB. L'enfant dit le nom de l'image sur les *lettres* (br = bras, fr = front...). S'il hésite à un mot, on l'aide en disant : N'est-ce pas la *clé,* la *statue,* la *croix...?*

STRASBOURG, imprimerie de V.ᵉ BERGER-LEVRAULT.

Comparaisons.

Bar bier bra sier border broder premier permis dra pier dar treux babel meuble rappel peuple cro chet cor dier tor chon tro gnon clo chette col porteur tour ment trou vaille forcer frotter cour tisan crou pion brou ssailles bour geon por té pro mis gour mand grouper sonder pondre tomber sombre bercail brevet plu riel pul sation fur tif fru gal pal piter pla fond pol tron plo yé tar dif tra vail par fum pra tique vanter ventre cir cuit cri minel peureux preuve ful minant flu xion couver couvre gar çon gra vier gerber grenier ba varde ou vrage tribune tirailler perdez prenez farder fra ternel fermier fredonner pur gatif pru dence dégel l'aigle

---

Qu'est-ce que tu tiens là, Geoffroi? C'est, je crois, du plomb. Ah! que c'est lourd! Le cuivre n'est point si lourd. L'or est plus lourd que le cuivre et le plomb. Aussi vaut-il plus que le plomb et le cuivre. Tu as là un clou fort gros et très-long. Où l'as-tu pris? Je l'ai trouvé près du pont. C'est un clou en cuivre. Je voudrais bien qu'il *fût* en or. Il vaudrait plus de vingt franc*s*. Fréderic, si tu m'en crois, tu rendras ce clou à qui il appartient. J'ignore à qui est ce clou. Bien des gens l'ont vu quand je l'ai ramassé, et aucun ne l'a réclamé. Je n'y tiens point du tout. Chez moi j'ai des clous plus que je n'en veux. Tiens! prends-le. Écoutez, me*s* enfants, puisque vou*s* avez bien prié, bien lu, bie*n* écrit, et que votre maître est content de vous, vous viendre*z* avec moi chez votre oncle. Il aura bien du plaisir à vous voir. Brossez vo*s* habits et aussi vos chapeaux. N'oubliez non plus de vous bien laver. Vous voilà bien propres! Mais il faut attendre un peu. Le ciel est couvert de nuages. La pluie vient des nuages. Le vent souffle con stamment et vio lemment aujour d'hui. Il pleuvra bientôt. Je crois qu'il pleut déjà. Les gouttes de pluie sont très-larges. Ne restez pas dehors. Vous seriez mouillés. Ah! les nuages ne sont plus noirs. Ils sont déjà blanc*s*. Il ne pleut presque plus. Allons, parton*s* ensemble!

STRASBOURG imprimerie de V.e BERGER-LEVRAULT.

Particularités.

(*a*) **La joie les roues la queue les lieues les tournées Tu arguës tu pries le meuble les lièvres l'ongle les boucles Le souffle tu souffres le sucre la campagne la glace Les pièces les songes les langues les peines la garenne Les personnes les plumes les sacrifices l'enfance l'excellence**

(*b*) **Du poison des poissons pesé cessé resté la maison Le caisson le présent c'est pressant brisé prisme ce coussin Mon cousin — exigé expulsé l'exercice réflexion exhorté vexé Soyons soyez croyons. — Nous étions neuf qui sortions et qui emportions nos portions. Nous qui chantions nous partions. Nous empruntions de ceux que nous fré quentions. Nous répétions et après nos répétitions nous tricotions.**

(*c*) **Les enfants jouent, rient et pleurent. Ils fuient les chiens qui aboient et qui les effrayent. Mais ils reviennent et continuent leurs jeux. Ils n'avaient pas fini de jouer quand les chiens reparurent. Les enfants, qui craignaient qu'ils ne fussent mordus, s'enfuirent, se dispersèrent et ne revinrent plus.**

(*d*) **J'eus tu eus il eut nous eûmes vous eûtes ils eurent J'eusse tu eusses il eût nous eussions vous eussiez ils eussent J'eus eu il eut eue j'eusse eus qu'il eût eues c'eût été.**

(*e*) **L'abbé frappé soufflé succombé aggravé s'occuper Sonné nommé allumé souffrir quitté passé — l'ennemi scellé Ferré cessé effilé endetté — suc cédé sug géré Oc cident Accident siccité vacciné l'accepter successeur.**

(*f*) **Je te le dois — nos poules, vos roues — les sacs des garçons, tu es sain et lui est fort — moi qui suis peiné — j'eus un tableau peint — il prend son temps — nos biens, vos moyens — leur œuf — l'officier, son nez — un boulet — le soleil — chef ennemi resté — la femme.**

Nota. (a) Dites : *e* final peut être négligé et doit l'être, s'il est attenant à une *voix*, mais la lettre sonne comme si *e* était prononcé. — (b) Un *s* isolé entre deux voix sonne *z*. — *ex* étant à la fois *initial* et entre *deux* voix, sonne *gz*. — Dans le corps du mot *oy* sonne mieux *ou. a. i* que *oï*. — Après *nous* ou *qui* la partie *ti* ne sonne plus *ci*. — (c) Quand ce *qui* est *fait* l'est par *plusieurs*, les lettres *nt* ne sonnent point, ou bien, *nt* sont nuls si le mot est précédé ou qu'on puisse le faire précéder des mots *ils, elles, qui*. — (d) Le *e* est nul dans le mot qui signifie *avoir* (ces temps-là on les fait apprendre et réciter par cœur). — (e) Deux *mêmes* consonnes se séparent si elles sont précédées d'un *e* ou que *cc gg* soient suivis d'un *é* ou d'un *i*. — (f) Aperçu général des divers sons du *e*. — NB. Sans que l'enfant sache ce que c'est que le *verbe*, il en lira bien le pluriel *ent*, si de temps en temps on le rend attentif à l'*usage* de son langage (est-ce que tu dirais ils *mangean*, ils *boivan*, ils *crièran*?...). C'est ainsi que son *œil* sera guidé par son *oreille*.

STRASBOURG imprimerie de V.° BERGER-LEVRAULT.

Qui est ce petit garçon? C'est Charles. Il a les yeux bien rouges. Il a beaucoup pleuré. Qu'avez-vous, Charles? Mon maître m'a puni. Qu'aviez-vous fait? J'avais causé en classe, je n'avais pas bien écrit, et un de mes cahiers trainait à terre. Voilà bien des motifs pour vous punir. Le maître eût mal fait s'il ne vous eût pas infligé une punition. Il faut que nous écoutions nos maîtres. Les écoliers qui causent en classe oublient leur leçon ou ne l'apprennent pas. Et vous, Adelaïde, pourquoi est-ce que vous pleurez? J'ai oublié d'emporter mes livres, mes plumes, mon crayon et ma règle. La maîtresse m'a renvoyée les chercher, et elle me retiendra une heure. Elle fera très-bien, ma fille. Si vous n'aviez pas été négligente, vous n'eussiez certainement pas été punie. Les enfants qui partent pour l'école doivent penser à leurs livres, à leurs plumes et à tout ce qu'il leur faut prendre. Que doit-on dire des enfants qui oublient leurs livres et leurs plumes? Évidemment il faudra dire que ce sont des paresseux qui veulent rester ignorants. De mon temps, quand nous partions pour l'école que nous fréquentions, nous emportions toujours soigneusement tout ce dont nous y avions besoin. Nous eussions été retenus plus de deux heures, si nous nous y étions présentés sans livres ni plumes.

Déchiffrement comparé.

Fla geolet flegmatique till eul filleul feuilleton augmen tation
Augmenter insou ciance désobéissance extinc tion ponctuation
Magna nime magnifiquement enta illure joaillerie ma lheur
Bonheur inhumaine sei gneur l'éteignoir insurrec tionnel
Factionnaire ba bou in marsouin suinter pernici euse femme
Pieuse ils tra vaillaient ils rem brunissent ils subjuguent
Inféri eur intérieur fainéant vi eillard vieillesse espiè glerie
Ils viennent sciemment ils crai gnirent ils manœuvrèrent
Négli geamment fréquemment ils vi eillissent ils s'effrayèrent
Ortho graphe biblio thèque instrument instruction spec tacle
Stationnaire scepti cisme scandaleux sym pathie symphonie
S tructure s cru puleux s plendeur s phère s que lette p saume

STRASBOURG, imprimerie de V.° Berger-Levrault.

Un choix d'exceptions. — 1.° Saône août (*a* nul), faisant.. (*e*), parlai parlerai.. (final *é*), croc.. cric tabac estomac almanach banc blanc.. tronc clerc respect aspect.. instinct.. convaincs.. du marc, lacs du chasseur (*c* nul), second.. (*g*), cercueil cueillir.. (*keuill*), gageure.. geure = *jur*), dey.. (final *é*), asseyons grasseyer.. (intérieur *é i*), priera suera jouerai ploierai.. (*e* intérieur nul après une voyelle et devant une seule consonne), pliez crier jouez suer.. (final *é*), fiel cruel nielle écuelle pierre hardiesse vieille.. (*è* avec consonne finale ou double), les nerfs des œufs des bœufs chef-d'œuvre cerf clef (*f* nul), neuf ans (*v*), stagnant inexpugnable.. gnou.. (*k*), vingtième.. sangsue doigter.. signet (*g* nul), aiguisé.. aiguille aiguillon.. ambiguité (*u* sonné), les haricots des haches ces héros mes hardes ses haillons nos harnais.. (*h* aspiré, point de liaison), Eucharistie archange orchestre chœur écho chaos archiépiscopat patriarchat.. (*k*), chrétien.. technique.. (*k* toujours devant une consonne), fusil gentil outil baril gril sourcil.. le pouls la faulx des aulx cul-de-sac fils ingrat.. (*l* nul), babil gentilhomme.. (*l* mouillé), deuil orgueil.. (*euil* toujours mouillé), ville village.. mille tranquille vaciller osciller distiller dessiller.. (*ile*), illuminé.. (*ill* initial toujours *ile*), automne damné.. (*m* nul), automnal.. amnistie gymnase hymne (*mn* jamais nasal), album opium.. (final toujours *ome*), par intérim.. (*ime*), indemnité.. (*ame* ou *ème*), emmené remmené.. (*emm* initial toujours *an* nasal), ennui ennobli enivré enhardi enorgueilli.. (nasal), solennel hennir.. (*ane*), faïence science.. scientifique consciencieux.. (*ience* toujours *ianse*), Orient client.. inconvénient expédient ingrédient quotient patient.. (*ian*), chrétienté amen hem! dilemme sel gemme (*ène* et *ème*), pensum agenda mentor.. (*in*), examen (*in* ou *ène*), Européen.. (*é in*), œil œillet.. (*eu ill*), œcuménique.. (*é*), poêle moëlle.. (*ou a*), Laon paon paonne.. (*o* nul), compte.. dompte.. exempte.. prompte.. baptême baptisé.. sculpté.. septième.. (*p* nul), cap club (sonné), équestre équitation.. quintuple.. (*u* sonné), équateur quadruple quadrupède.. in-quarto aquatique lingual (*ou a*), fer cher mer ver éther hiver enfer cuiller amer d'hier il est fier, sers.. vers envers.. univers pervers tiers acquiers.. ils sont fiers (*ère*), Monsieur Messieurs (*n* et *r* nuls), mars ours lys gratis maïs la vis prospectus laps cens (*s* sonné), mon fils (*s* sonné ou non), parasol.. méséant gisant présupposé.. vraisemblable.. (*s* rude), dessus dessous ressort ressource ressembler ressouvenir.. (*e*), Alsace balsamique transigé.. (*z*), dot fat net exact.. tact.. direct correct.. strict brut déficit en voilà sept je pars le huit j'en *eus* vingt, vingt-quatre.. Sud Est Ouest le Christ un christ (*t* sonné), digestion.. mixtion.. (non *ci* avec *s* ou *x*), patient patiemment.. quotient prophétie démocratie.. partial.. partiaux pénitentiaux.. essentiel.. satiété insatiable.. ambitieux.. initié initions.. balbutier.. égyptien capétien.. (*ci*), Aix Auxerre Bruxelles soixante en voilà dix, pour six j'en *eus* dix-huit (*ss*), deuxième, sixième dixième (*z*), phénix préfix silex index lynx larynx (*x* sonné), coq j'en *eus* cinq (*q* sonné), gaz (*z* sonné), lesquels desquels auxquels (*s* ou *x* nul et le son *é* ou *è*), Messieurs Mesdames.. (*mé*), asthme.. (*th* nul), Douay.. (final *é*), Rocroy.. (final *ou a*). — 2.° S.¹ Marc, aoûté, les fils d'une étoffe, septante, un œuf, un bœuf, le chef, un nerf, un serf, c'est neuf, je pars le neuf, l'eau des lacs (*a, c, f, l, p* sonnés); des gentilshommes, Jésus-Christ, l'antechrist, neuf doigts, des fleurs de lys, cinq bas, six pas, dix pieds, sept mains, huit bonds, vingt ponts, en voilà quatre-vingt, j'en *eus* quatre-vingt-quatre ou quatre-vingt-onze.. (*l, f, s, st, q, t, x* nuls); parfum (*un*); s'y fier, hier un pavé (*é*), coërcitif coemption.. (deux sons); transi de froid (*s* rude).

Nota. Les dérivés suivent la prononciation de leurs primitifs, mais les mots à la suite du chiffre 2 diffèrent de leurs semblables.